Die Kameltreiberin und ich

Eine Geschichte von Willensstärke und Widerstand

Abdulatif Adem

Impressum

1.Auflage, 2025

© 2025 Abdulatif Adem

Korrektorat: Daniel Kämpfer

Verlag: BoD · Books on Demand GmbH,

Überseering 33, 22297 Hamburg, bod@bod.de

Druck: Libri Plureos GmbH,

Friedensallee 273, 22763 Hamburg

ISBN: **978-3-7693-5536-9**

Inhalt

Vorwort

Dieses Buch ist eine Reise – durch Zeit und Geschichten, durch Krieg und Frieden, durch Verlust und Neuanfang. Es ist die Geschichte meiner Großmutter, einer Kameltreiberin, die mit ihren Händen die Härte des Lebens umformte, und meine eigene Geschichte: die eines Jungen, der zwischen Schulversagen und zweiter Chance lernte, was es heißt, Verantwortung zu tragen.

Meine Großmutter war eine Frau, die nie eine Schule betrat, doch ihr Wissen über Kamele, die Natur und das Überleben in Eritreas kargen Bergen war enzyklopädisch. Sie lehrte mich, dass Würde nicht in Diplomen liegt, sondern im Respekt vor dem, was man tut – sei es das Führen einer Karawane oder das Bestehen einer Prüfung. Gleichzeitig war sie es, die mir zeigte, wie tief man fallen und doch wieder aufstehen kann.

Dieses Buch handelt von den unsichtbaren Brücken zwischen Generationen. Von einem Land, das nach Kolonialismus und Krieg noch immer nach Freiheit sucht. Von den Hyänen, die nachts an die Tür kratzen, und den Träumen, die uns vorwärtstreiben. Es ist ein Tribut an die Kameltreiberinnen, deren Lebenswerk oft belächelt wird, obwohl sie Ökosysteme am Leben erhalten und Wissen bewahren, das in keiner Universität gelehrt wird.

Warum ich diese Geschichten teile? Weil ich glaube, dass wir alle irgendwann an einem Scheideweg stehen wie ich damals, als ich mit einem Kugelschreiber in der Hand vor dem Schuldirektor stand, oder wie mein Vater, der eine Minenexplosion überlebte und nicht viel geredet hat. Die Frage ist nie, ob wir stolpern, sondern wie wir aufstehen.

Mögen diese Seiten Sie ebenso herausfordern und trösten, wie meine Großmutter es für mich tat.

Mit Respekt und Dankbarkeit,

Abdulatif Adem

Die Würde und Bedeutung von Kameltreibern

Wie lebendige Brücken zwischen Vergangenheit und Zukunft erhalten Kameltreiber Kultur, Wirtschaft und Ökosysteme - ein Engagement, das leider oft von Stigmatisierung überschattet wird.

Historische & kulturelle Säulen

➢ Kamele ermöglichten in Ostafrika Mobilität in allen Bereichen: sozial, wirtschaftlich, politisch und militärisch.

➢ Kameltreiber genießen hohes Ansehen, da sie Handel, Überleben und kulturellen Austausch in Trockengebieten sichern.

Vorurteile & Doppelmoral

o Im Westen wird Kameltreiben oft als „exotisch" oder „rückständig" belächelt, während Cowboys romantisiert werden.

o Solcher Spott ignoriert die Expertise hinter diesem uralten Beruf.

Gegen Klischees: Beispiele aus der Praxis

- o **Gleichberechtigung**: In Eritrea nahmen Frauen wie meine Grossmutter an Kamelrennen teil, führten Karawanen an und brachten Geschlechternormen.

- o **Wissenschaftskooperation**: 2023 halfen Beduinen der NASA, Mars-Rover zu optimieren – dank ihres Wissens über Wüstennavigation.

Weltweite Wertschätzung

- o Vom Horn von Afrika bis zur Arabischen Halbinsel gelten Kameltreiber als Innovatoren, Dichter und Hüter traditionellen Wissens.

Meine Botschaft:

«Kameltreiben ist also ein Beruf voller Stolz, Anpassungsfähigkeit und Zukunftswissen – kein Grund für Spott, sondern Respekt.»

Kapitel 1

Der Kugelschreiber und das Schweigen

Als ich jung war, hatte ich nicht viele Freunde. Ich war kein geselliger Mensch und wurde von vielen für einen komischen Kauz gehalten. Ich wurde in der Schule gemobbt, weil ich anders aussah als die anderen. Ich habe meinen Eltern nie von dem Mobbing in der Schule erzählt. Vor allem meiner Mutter, die für meine Erziehung verantwortlich war. Sie war für alles zuständig, was mich und meine Geschwister betraf. Meinen Vater sahen wir nur zwei oder drei Mal pro Woche. Er war sehr beschäftigt. Er hatte einen großen Lastwagen, auf den er Fracht und Passagiere verlud. Und reiste von einem Ort zum anderen. Mein Vater war ein sehr ruhiger Mensch. Im Gegensatz zu seiner Mutter, die manchmal streng mit uns war. Aber sie war eine fürsorgliche Frau, die mir und meinen Geschwistern nur das Beste wünschte. Ich habe nicht viel mit meinem Vater gesprochen, aber ich habe ihn sehr respektiert.

Wenn ich mit meiner Mutter stritt, ging ich zu meiner Großmutter, die in einem anderen Viertel in derselben Stadt wohnte. Ich liebte meine Großmutter sehr. Sie liebte mich auch und verteidigte mich immer vor meiner Mutter oder anderen Menschen. Auch wenn es manchmal meine Schuld war. Deshalb betrachtete ich meine Großmutter als meinen besten Freund. Obwohl ich meine Großmutter als meinen besten Freund betrachtete, habe ich ihr ebenfalls nie von dem Mobbing in der Schule erzählt, weil ich wusste, dass sie in die Schule kommen und alles auf den Kopf stellen würde, wenn ich es ihr erzählte.

Das Mobbing in der Schule machte mir zu schaffen, aber ich versuchte, es immer zu ignorieren, auch wenn das nicht leicht war. Die Mobber haben es nie gewagt, mich körperlich anzufassen. Ihr Mobbing bestand immer nur aus Worten ohne Taten. Bis zu dem Tag, an dem sich alles änderte.

Wir hatten an diesem Tag die Schule beendet. Ich ging aus der Klasse und machte mich auf den Weg nach Hause. Jemand zerrte mich von hinten an meinen Haaren, bis ich auf die Knie fiel. Da wurde ich wütend und ohne nachzudenken, schlug ich dem Jungen ins Gesicht. Sein Gesicht, mit dem er mit seinen Freunden lachte.

Er war nicht einmal aus meiner Klasse. Ich war in der dritten Klasse und er in der vierten Klasse. Nachdem er den Schlag bekommen hatte, ging er auf mich los, als ob ich der Schuldige wäre, und schlug auf mich ein. Er war älter und größer als ich. Er hatte mich unter sich, beschimpfte mich und schlug weiter und weiter auf mich ein. Mir blieb nichts anderes übrig, als einen Kugelschreiber aus meiner Tasche zu holen und ihm damit ins Gesicht zu stechen. Alle, die dort standen, waren schockiert, als sie das Blut sahen, das ihm über das Gesicht lief. Der Junge schrie vor Schmerz und stand von mir auf, nachdem ich den Kugelschreiber in seine Wange gesteckt und wieder herausgezogen hatte. Ich gab mich nicht mit dem Stich in sein Gesicht zufrieden, sondern wollte mich noch weiter rächen. In diesem Moment dachte ich nicht an die

Konsequenzen. Doch zum Glück gingen die Schüler, die älter waren als wir, dazwischen, und dann kamen die Lehrer. Einer der Lehrer forderte mich auf, nach Hause zu gehen und sofort jemanden von meinen Eltern zu holen.

Als ich nach Hause kam, sah meine Mutter das Blut auf meiner Kleidung, bevor ich ihr etwas sagen konnte. Meine Mutter war sehr besorgt und fragte mich: «Abdul, was ist das für Blut auf deiner Kleidung?»

Ich sagte ihr, sie solle sich keine Sorgen machen und dass es nicht mein Blut sei, sondern das von jemand anderem. Ich erklärte ihr, dass wir sofort in die Schule gehen müssen, weil der Lehrer ihre Anwesenheit verlangte.

Ich zog das blutige Hemd aus, meine Mutter nahm mich an die Hand und so gingen wir zu dieser Schule. Auf dem Weg zur Schule stellte mir meine Mutter viele Fragen. Aber ich schwieg, ich sagte kein Wort. Meine Mutter war verängstigt und fragte sich, was ihr Sohn getan hatte.

Als wir in der Schule ankamen, rief uns der Direktor in sein Büro und erzählte meiner Mutter von dem Vorfall. Ich sagte meiner Mutter, dass ich es in Notwehr getan hätte und dass ich jetzt vielleicht im Krankenhaus läge, wenn ich nicht so gehandelt hätte. Der Schuldirektor sagte meiner Mutter, dass eine solche Tat in der Schule nicht akzeptiert würde, auch wenn ich keine Schuld daran hätte. Aber einem Schüler auf diese Weise Verletzungen zuzufügen, sei eine Straftat, die nach dem Schulgesetz geahndet werde. Der Schulleiter teilte uns mit, dass der Junge, den ich niedergestochen hatte, jetzt im Krankenhaus liege und dass seine Eltern wahrscheinlich Anzeige bei der Polizei erstatten werden. Er fügte hinzu, dass ich wegen meiner Tat nicht mehr Schüler dieser Schule sein könne. Dann wurde ich von der Schule verwiesen. Meine Mutter war schockiert über das, was sie gehört hatte, und flehte den Schulleiter an, mich nicht von der Schule zu verweisen. Aber der Direktor sagte ihr, dass dies die Regeln seien und er ihr nicht helfen könne. Alle ihre Versuche waren vergeblich.

Wir kehrten nach Hause zurück, und meine Mutter war wütend auf mich, obwohl ich versuchte, ihr zu erklären, dass ich die Prügelei nicht angefangen hatte und dass ich mich verteidigen musste. Meine Mutter sagte kein Wort zu mir ausser, dass ich die Klappe halten soll. Dann ging sie ins Krankenhaus, um den Jungen zu besuchen.

Nachdem meine Mutter ins Krankenhaus gegangen war, machte ich mich auf den Weg zu meiner Großmutter. Ich kam zu ihr und erzählte ihr, dass ich von der Schule verwiesen worden sei, weil ich mich mit einem Schüler geprügelt und ihn verletzt hatte. Nachdem ich ihr meine Geschichte erzählt hatte lächelte meine Großmutter und sagte: «Gut gemacht, mein Junge, so solltest du auf jeden reagieren, der dich angreift.» Ich war nicht überrascht, denn ich hatte eine solche Reaktion von meiner Großmutter erwartet, und deshalb ging ich zu ihr.

Meine Großmutter war eine Frau, die nie jemandem Unrecht getan hatte, aber sie hat nie auf ihr Recht verzichtet, wenn ihr jemand Unrecht getan hat. Sie hat mir immer gesagt, ich solle in dieser grausamen Welt kein Weichei sein und mir mein Recht von jedem nehmen, und wenn es sein müsse, auch mit Gewalt. Ich weiß nicht, ob das klug war. Aber meine Großmutter hatte ihre eigene Sicht auf die Welt, was vielleicht daran lag, dass sie in einer harten Umgebung aufgewachsen war, worauf ich später noch eingehen werde.

Meine Mutter besuchte den Schüler im Krankenhaus und sprach mit seiner Familie. Glücklicherweise war seine Wunde nicht tief und sein Zustand stabil. Meine Mutter erzählte uns später, dass die Familie des Jungen sehr nett war. Ich weiß nicht, wie ein solcher Mobber aus so einer guten Familie stammen konnte. Die Familie hatte nicht die Absicht, sich bei der Polizei zu beschweren, sondern gab zu, dass auch ihr Sohn einen Fehler gemacht hatte. Sie sagten, dies sei nicht das erste Mal, dass er seinen Eltern Ärger bereitet habe. Er habe schon viele Schüler schikaniert. Vielleicht würde dieser Vorfall seinem Mobbing ein Ende setzen. Die Familie stellte jedoch eine Bedingung, damit sie nicht zur Polizei ging. Diese Bedingung war, dass wir die gesamten Kosten für die Behandlung ihres Sohnes übernehmen würden. Ehrlich gesagt, wenn Sie mich fragen, denke ich, dass sie das Recht hatten, dies zu verlangen. Und natürlich stimmte meine Mutter dieser Forderung zu, und wir übernahmen die

Kosten für die Behandlung, bis sich der Junge von den Folgen der Stichwunde vollständig erholt hatte.

Mein Vater war während des Vorfalls nicht zuhause, er war beruflich in einer anderen Stadt unterwegs. Als er zwei Tage später zu uns zurückkam, erzählte ihm meine Mutter alles, was passiert war, und dass ich von der Schule verwiesen wurde.

Wie ich bereits erwähnte, war mein Vater ein sehr ruhiger Mensch und redete nicht viel. Er redete mich an und sprach mit mir ein wenig über den Vorfall. Dann stellte er mir eine Frage, die ich bis heute nicht beantworten kann. Er fragte mich: «Glaubst du, was du getan hast, war eine gute Tat oder eine böse Tat?»

Ich antwortete ihm mit Blick auf den Boden: «Ich bin mir nicht sicher.»

Ich war mir wirklich nicht sicher, ob das, was ich in Selbstverteidigung getan hatte, gut war oder nicht.

Mein Vater sagte mir ruhig: «Sag es mir, wenn du eine Antwort hast.»

Ich konnte ihm meine Antwort bis heute noch nicht geben.

Mein Vater sorgte dafür, dass ich zu Hause einen Nachhilfelehrer bekam, damit ich nach meinem Schulverweis weiter lernen konnte. Ich nahm etwa vier Monate lang Unterricht bei diesem Lehrer, bis die Schulferien kamen. Nach den Ferien brachte mich meine Mutter wieder zu derselben Schule, wo ich verwiesen worden war, um mich für die vierte Klasse anzumelden. Der Schulleiter weigerte sich zunächst, mich aufzunehmen, aber meine Mutter bestand darauf, dass ich mich geändert habe und dass ich an dieser Schule keinen Ärger mehr machen würde. Schließlich überzeugte ihn meine Mutter, und der Schulleiter erlaubte mir, wieder in die Schule zu gehen. Er sagte mir, dass ich für immer von der

> *Vielleicht suchen wir alle manchmal nach einer Situation, in der wir einen guten Schlag bekommen, der uns wieder dazu bringt, das Richtige zu tun und ein guter Mensch zu sein.*

Schule verwiesen werde, wenn ich dieses Mal auch nur den geringsten Ärger mache.

Ich kehrte für ein neues Schuljahr in die Schule zurück. Ich stellte fest, dass das Ausmaß des Mobbings drastisch zurückgegangen war. Mein Bericht über den damaligen Vorfall war mir an vielen Stellen vorausgegangen. Interessanterweise wurden der Junge, mit dem ich mich geprügelt hatte, und ich nach einiger Zeit Kollegen. In den Pausen spielten wir sogar manchmal zusammen Fußball.

Vielleicht suchen wir alle manchmal nach einer Situation, in der wir einen guten Schlag bekommen, der uns wieder dazu bringt, das Richtige zu tun und ein guter Mensch zu sein. Es muss nicht unbedingt Schlag ins Gesicht sein, die uns wieder zur Vernunft bringt. Es kann zum Beispiel eine Situation sein, in der wir einen geliebten Menschen verlieren oder eine Menge Geld oder irgendetwas, das uns am Herzen liegt. Situationen wie diese können uns manchmal fundamental verändern. Sie können unseren Blick auf die Dinge verändern und uns eine Lektion erteilen, die wir nie vergessen werden.

Kapitel 2

Die Kameltreiberin

Die Kindheit meiner Großmutter war nicht einfach. Sie ist in einer sehr rauen Gesellschaft aufgewachsen. Sie kannte nicht einmal ihre Mutter und ihren Vater. Ihre Mutter starb nur sieben Tage nach ihrer Geburt. Ihr Vater verschwand, als sie erst ein paar Monate alt war. Seit seinem Verschwinden wurde keine Spur von ihm gefunden. Es gab Gerüchte, dass er in den Krieg zog und nie zurückkam.

Nachdem meine Großmutter ihre Eltern verloren hatte, wurde sie von ihrer Tante, der Schwester ihrer Mutter, aufgenommen, die sie bis zu ihrer Erwachsenenzeit aufzog. Mein Großmutter Rayet wuchs in einer Gegend auf, die weit von der Stadt entfernt ist. Bereits als Kind arbeitete sie auf dem Bauernhof und züchtete Kamele in den Anseba-Bergen in Zentral-Eritrea. Kamele waren ein wesentlicher Bestandteil ihres Lebens. Sie liebte es, auf Kamelen zu reiten und kümmerte sich liebevoll um sie. Als sie jung war, veranstaltete sie manchmal sogar Kamelrennen mit den Jugendlichen ihres Dorfes. Manchmal gewann sie sogar das Kamelrennen. Bis sie eines Tages von ihrem Kamel fiel und einige ihrer Zähne verlor. Sie beschloss, sich vom Kamelrennen zurückzuziehen, nachdem ihre Tante sie dazu aufgefordert hatte. Aber ihre Liebe zu Kamelen war damit noch nicht zu Ende. Sie kümmerte sich weiterhin um diese Tiere. Sie war häufig mit ihren Kamelen unterwegs, um Wasser und Brennholz aus weit entfernten Gebieten zu holen. Außerdem beschäftigte sie sich mit dem Anbau von Mais und Weizen auf den Feldern. Manchmal stieg sie morgens mit den Ziegen auf die Berge und kam abends mit ihnen wieder herunter.

Die Berge waren nicht ohne Raubtiere. Es gab Hyänen und Wildkatzen. Meine Großmutter hütete die Ziegen inmitten dieser Raubtiere. Einmal griffen die Hyänen sogar den Esel meiner Großmutter an. Aber sie rettete ihn mit Hilfe ihres Hundes vor den Fängen der Hyänen. Viele Male griffen Hyänen ihre Ziegen an und töteten sogar einige von ihnen. Aber meine Großmutter war eine tapfere Frau. Sie ließ sich von all diesen Ereignissen nicht unterkriegen und machte weiter mit dem, was sie liebte. Ihre Liebe zum Hüten von Ziegen in den Bergen war nicht weniger als ihre Liebe zu den Kamelen. Sie liebte das, was sie tat.

Meine Großmutter ist nie zur Schule gegangen. In der Tat gab es in der Gegend, in der sie lebte, keine Schule. Daher konnten meine Großmutter und alle anderen, die in diesem Ort lebten, weder lesen noch schreiben. Meine Großmutter kannte nicht einmal ihr Geburtsdatum. Es gab keine Geburtsurkunden oder sonstige Dokumente, um dies zu dokumentieren. Die Menschen dort lebten ein sehr primitives Leben. Dennoch erzählte mir meine Großmutter immer, wie glücklich sie mit ihrem primitiven Lebensstil waren.

Zu dieser Zeit befand sich Eritrea in einem jahrelangen, blutigen Konflikt mit Äthiopien. Die Eritreer forderten die Unabhängigkeit von Äthiopien, welches das Land mit eiserner Faust regierte. Der Krieg dauerte an, bis Eritrea 1991 die Unabhängigkeit von Äthiopien erlangte.

Zuvor war Eritrea bis 1941 von den Italienern kolonialisiert worden. Die Italiener herrschten fast 60 Jahre lang über Eritrea. Daher gibt es in Eritrea viel italienische Architektur. Die Hauptstadt Eritreas, Asmara, trägt sogar den Spitznamen „Klein-Rom". Denn die Stadt ist auf italienischer Architektur aufgebaut. Viele ältere

Menschen in Eritrea sprechen die italienische Sprache. Es gibt sogar Italiener, die sich nach dem Ende der Kolonialzeit weigerten, das Land zu verlassen, und beschlossen, ihr Leben dort fortzusetzen. Während des Zweiten Weltkriegs im Jahr 1941 wurden die Italiener in Eritrea von den Briten besiegt. Die Briten übernahmen das Land und leiteten damit das Ende der italienischen Kolonialzeit ein. Großbritannien regierte Eritrea bis 1952. Dann beschloss es, das Land an Äthiopien anzugliedern. Doch die Eritreer waren mit der Angliederung an Äthiopien nicht zufrieden. Sie lebten unter Verfolgung und Leid. Die Eritreer beschlossen 1961, gegen die äthiopische Herrschaft aufzustehen. Es folgte ein 30-jähriger Befreiungskrieg. Eritrea, das damals nur 3 Millionen Einwohner zählte, erlangte schließlich die Unabhängigkeit und wurde zu einem eigenständigen Land.

Natürlich ist es gut, wenn es keinen Krieg mehr gibt, aber kein Krieg bedeutet nicht gleich Freiheit.

Nach dem Ende des 30-jährigen Krieges mit Äthiopien dachten die Eritreer, sie hätten endlich ihre Freiheit gefunden. Leider war ihre Freude nur von kurzer Dauer. Das Land wurde von einem diktatorischen Präsidenten regiert, der auch heute noch über Eritrea herrscht. Er regiert das Land mit brutaler Härte. Viele haben Eritrea sogar den Spitznamen „Nordkorea Afrikas" gegeben. Als der Krieg zu Ende war, glaubte das eritreische Volk, dass die Freiheit gekommen war. Vor allem die älteren Generationen, die lange Zeit unter den Kriegen gelitten hatten. Viele von ihnen glaubten sogar, dass sie jetzt in ihrem Heimatland frei seien, weil es dort keinen Krieg mehr gab. Sie kannten den wahren Geschmack der Freiheit nicht. Sie dachten, wenn es keinen Krieg gibt, dann gibt es Freiheit. Natürlich ist es gut, dass es keine Kriege gibt. Aber das bedeutet nicht, dass es Freiheit gibt, wenn kein Krieg herrscht.

Ich kann es den Menschen, die nie etwas anderes als Krieg gekannt haben, wirklich nicht verdenken. Wenn dann der Krieg aufhört, denken sie, sie seien jetzt frei. Sie wissen nicht einmal, dass die Freiheit einen anderen Geschmack hat als den,

den sie für Freiheit halten. Sie wissen nicht einmal, wie die Menschen in anderen Ländern leben. Eritrea ist ein sehr isoliertes Land. Die Eritreer dürfen nicht einmal das Internet benutzen. Selbst Fernsehsender und Zeitungen werden von der Regierung kontrolliert. Sie senden und veröffentlichen nur das, was sie wollen und was die eritreische Bevölkerung sieht und liest. Die Eritreer innerhalb Eritreas wissen nicht wirklich, wie die Welt außerhalb ihrer Grenzen aussieht. Sie wissen nicht einmal, was sich innerhalb ihrer eigenen Grenzen abspielt. Die diktatorische Regierung erlaubt den Eritreern nicht einmal, innerhalb des Landes von einer Stadt in eine andere zu reisen. Oder von einer Region in eine andere, ohne die Erlaubnis der Regierung.

Kapitel 3

Das Wrack und die unerzählten Geschichten

Als ich in der fünften und sechsten Klasse war, ging ich manchmal mit meiner Großmutter zur Schule, wenn ich einen Elternteil zu einem Gespräch bringen sollte oder wenn ich irgendein Problem hatte. Manchmal behauptete ich gegenüber dem Lehrer, meine Großmutter sei meine Mutter, oder ich erzählte, meine Mutter sei verreist oder krank, deshalb bringe ich meine Großmutter mit. Ich zog es vor, dass meine Großmutter mit mir zur Schule ging, weil ich wusste, dass sie mich verteidigen und nicht tadeln würde oder wütend auf mich wäre, im Gegensatz zu meiner Mutter, die anders reagieren würde.

Wir waren umgezogen, um in der Nähe des Hauses meiner Großmutter zu wohnen. Also ging ich zu ihr und bat sie, mit mir in die Schule zu kommen, wenn der Lehrer eine Anwesenheit von einem Elternteil verlangte, vor allem, wenn es ein Problem gab, z. B. wenn ich meine Hausaufgaben nicht immer erledigte oder sogar, wenn ich mit einem Schüler in einen Streit geriet.

Als ich meine Großmutter um Begleitung in die Schule bat, fragte sie mich immer, was ich dieses Mal falsch gemacht habe. Ich fragte sie immer heimlich, ohne dass meine Mutter davon wusste. Ich hatte sie immer gebeten, meinen Eltern nicht zu sagen, dass sie mit mir zur Schule ging.

Meine Großmutter und ich haben das Problem heimlich gelöst. Aber ihre Hilfe blieb nicht umsonst. Ich röstete ihr ihren speziellen Kaffee, den sie jeden Morgen trank. Oder ich ging für sie zum Markt, um für sie Sache zu kaufen, die sie brauchte. Wir haben bei vielen Dingen kooperativ zusammengearbeitet.

Einmal war ich mit meiner Großmutter auf dem Heimweg von der Schule. Meine Großmutter zeigte auf einen zerstörten Lastwagen, der in einer Garage auf unserem Weg stand, und fragte mich: «Erkennst du diesen Lastwagen?»

Ich drehte mich zu ihr um und antwortete: «Er sieht aus, als käme er aus einem tödlichen Unfall, ich glaube nicht, dass jemand diesen Unfall überlebt hat, möge Gott ihnen gnädig sein.»

Ich sah diesen Lastwagen immer, wenn ich auf dieser Wegstrecke unterwegs war, denn er stand schon seit langem vor der Garage, bevor ich an dieser Schule angefangen hatte. Aber ich habe mich nie gefragt, wessen Lastwagen das war oder was mit ihm passiert sei. Bis mich meine Großmutter darauf ansprach. «Es war der Lastwagen deines Vaters, und es war kein Unfall, der ihm passiert ist, sondern eine Minenexplosion», sagte meine Großmutter zu mir.

Meine Augen weiteten sich und ich blieb für einen Moment still, um die Worte meiner Großmutter zu verinnerlichen. Ich fragte sie noch einmal, als ob ich sie beim ersten Mal nicht richtig verstanden hätte «Was hast du gesagt?»

«Ja, er gehörte deinem Vater, und er saß darin, als der Wagen explodierte», antwortete meine Großmutter. «Offensichtlich hat dir dein Vater diese Geschichte nicht erzählt. Er hat nicht viel geredet.

Und deine Mutter denkt wahrscheinlich immer noch, dass du zu jung bist.»

Ich war zu dieser Zeit zehn Jahre alt. Ich sah mir den zerstörten Lastwagen an und fragte mich, wie jemand lebend aus diesem Wrack herauskommen konnte.

Der Lastwagen war so zertrümmert, als ob er mit einer gewaltigen Druckanlage von beiden Seiten zusammengepresst worden wäre. Dann wendete ich mich an meine Großmutter und sagte: «Mama, bitte sag mir, was ist passiert?»

Ja, wie Sie schon bemerkt haben, habe ich meine Großmutter „Mama" genannt. Meinen Vater und meine Mutter habe ich bei ihrem Namen genannt. Ich weiß. Andere Dinge, die mir so nahe liegen, dass man mich für komischen Kauz hält.

Meine Großmutter antwortete, als ich sie bat, mir eine Geschichte zu erzählen. «Okay, ich werde dir die Geschichte deines Vaters erzählen, erst wenn wir zu Hause sind. Aber erzähle niemandem, dass ich dir diese Geschichte erzählt habe». Ich stimmte Großmutters Bedingung zu, aber ich konnte nicht warten, bis wir zu Hause waren. Ich war so aufgeregt, die Geschichte zu hören. Aber meine Großmutter bestand darauf, mir die Geschichte zu erzählen, wenn wir zu Hause ankommen.

Wir kamen bei ihrem Haus an, das nur ein paar Meter von unserem neuen Zuhause entfernt war. Wir setzten uns, und bevor sie anfing, mir die Geschichte meines Vaters zu erzählen, sagte sie: «Ich muss dich noch einmal daran erinnern, dass du niemandem erzählen wirst, dass ich dir diese Geschichte erzählt habe. Einverstanden?»

«Ja, Mama, ich verstehe. Ich verspreche, dass ich sie niemandem erzählen werde.», antwortete ich ihr.

Meine Großmutter begann die Geschichte zu erzählen: «Wie du weißt, lädt dein Vater Passagiere und Waren in seinen Lastwagen, der "Halibet" heisst, und fährt in viele Städte und Dörfer, um Handelsgeschäfte zu machen. Einmal, etwa drei Jahre bevor du geboren wurdest, fuhr dein Vater auf dem Weg zu seinem Geschäft. Dein Vater war auf dem Weg nach Habero. Seine erste Halibet war voll mit Menschen und Waren. Die Straße von

Keren nach Habero liegt, wie du weißt, mitten im Gebirge und ist nicht gerade eben.»

Ich war einmal mit meinem Vater in diese Gegend gefahren. Ich hatte also diese Strecke gesehen, die mitten durch die Berge und Täler führt.

Es war keine asphaltierte Straße. Es war eine gefährliche Straße, denn der Lastwagen neigte sich manchmal um mehr als 15 Grad. Wenn man zum ersten Mal auf dieser Straße unterwegs war, dachte man, der Lastwagen würde umkippen. Ich erinnere mich, dass ich, wenn der Lkw sich so stark neigte, habe ich meinen Kopf mit meiner Kleidung bedeckte, weil ich Angst hatte, den Lkw umkippen zu sehen.

Wie auf jeden Fall, lassen Sie uns zur Geschichte meiner Großmutter zurückkehren. Sie erzählte weiter: «Das Wetter war ruhig und schön. Die Leute auf Halibet waren fröhlich und lachten. Plötzlich explodierte der Lastwagen und alle Insassen flogen wie Blätter in verschiedene Richtungen. Das Lachen verwandelte sich nach der Explosion in völlige Stille. Alle Insassen des Lastwagens starben, bis auf eine Person, deinen Vater. Die Leute dachten zuerst, dass dein Vater auch gestorben sei. Denn als die Leute zum Unglücksort kamen, fanden sie deinen Vater bewusstlos vor, und sein Körper war voll mit dem Blut seiner Mitreisenden. Sie dachten, er sei tot. Zum Glück erwachte er nach kurzer Zeit aus dem Koma.» Hier unterbrach ich meine Großmutter und fragte sie: «Aber wie hat mein Vater die Explosion überlebt? War denn niemand anderes mit ihm in der vorderen Kabine?»

Meine Großmutter antwortete: «Es waren drei oder vier Personen, ich weiß es nicht mehr genau, die mit ihm in der Kabine waren. Aber sie starben alle. Außer deinem Vater hat niemand den Unfall überlebt.»

In dieser Gegend gab es keine Krankenhäuser oder ähnliches. Viele hätten vielleicht überlebt, wenn sie schnell in ein Krankenhaus gebracht worden wären. Aber zu diesem Zeitpunkt waren nur die Menschen in den Nachbardörfern in der Lage, meinem Vater und allen, die bei ihm waren, mit ihren bescheidenen Mitteln zu helfen.

Für alle anderen Passagiere war das Unglück da und sie kamen ums Leben. Was meinen Vater betrifft, weiß ich nicht, wie ich es beschreiben soll. War sein Überleben ein Wunder oder Glück oder etwas anderes.

Ich habe meine Großmutter noch einmal gefragt: «Weißt du, wer dahintersteckt? Wieso ist es passiert? Gab es irgendwelche Feinde meines Vaters?»

Die Antwort meiner Großmutter überraschte mich noch mehr, als sie sagte: «Es war nicht das erste Mal, dass sie den Lastwagen deines Vaters in die Luft gesprengt haben. Aber es war das Schlimmste.» Ich unterbrach meine Großmutter fassungslos: «Was meinst du damit? Willst du sagen, dass sie meinen Vater schon einmal in die Luft sprengten?»

«Ja, das war das zweite Mal. Das Gleiche ist ihm zwei Jahre vor dem zweiten Vorfall passiert. Beim ersten Mal explodierte auch sein Lastwagen. Aber beim ersten Mal starben nicht viele Menschen. Zum Glück überlebten die meisten der Mitfahrer. Dein Vater blieb unverletzt.», antwortete meine Großmutter.

Ich fragte sie: «Sind die beiden Explosion am gleichen Ort passiert?»

Meine Grossmutter «Nein, der erste Vorfall war in einem anderen Gebiet als der zweite. Aber sie waren nicht weit voneinander entfernt. Die beiden Ereignisse ereigneten sich aber alle auf derselben Strecke, Keren-Habero.»

«Aber warum haben sie die Minen für meinen Vater platziert? Was hat er ihnen angetan? Und wer waren sie überhaupt?».

Ich hatte so viele Fragen im Kopf, ich verstand nicht, warum die Minenexplosionen passierten. War das Ziel mein Vater oder die Leute, die ihn dabei begleiteten, oder etwas anderes?

Meine Großmutter erklärte: «Weisst du, als Eritrea Anfang der neunziger Jahre unabhängig wurde, waren viele Länder der Region nicht damit einverstanden, insbesondere die Staaten X und Y.» Ich möchte die Länder jetzt nicht erwähnen, um Probleme zu vermeiden.»

Meine Großmutter erzählte weiter: «Der neuen eritreischen Regierung gefielen diese beiden Länder nicht. Sie hatten politische und militärische Unstimmigkeiten. Also hetzten diese beiden Länder gegen Eritrea. Sie unterstützten einige terroristische Gruppen mit Geld und Waffen. Sie unterstützten ebenfalls die eritreische Opposition. Diese Terrorgruppen waren es, die wahllos diese Minen und Bomben platzierten. Vor allem in ländlichen Gebieten. Denn in den Städten war es wegen der strengen Sicherheitsvorkehrungen schwierig, so etwas zu tun. Dein Vater war nicht ihr Ziel. Es war die Regierung. Sie wollten die Sicherheit des Staates destabilisieren. Sie wollten die Fundamente des Staates brechen. In den 1990er Jahren war nicht nur der Lastwagen deines Vaters ihr Ziel, sondern es gab sporadische Explosionen, die das Land an vielen Orten erschütterten. Viele Menschen wurden auf diese Weise getötet. Aber zum Glück, ist diese schwierige Zeit für die Menschen in Eritrea vorbei. Jetzt hat die Regierung die volle Kontrolle über alle Ein- und Ausgänge des Landes. Es gibt aber nun andere Probleme.»

«Gott sei Dank ist mein Vater noch am Leben. Sonst wäre ich nicht da, wo ich jetzt bin.», sagte ich und fügte hinzu: «Weißt du, Großmutter, deshalb mag ich dich. Du erzählst mir alles. Du bist nicht wie meine Eltern. Sie denken immer noch, ich sei zu unreif, um diese Dinge zu verstehen. Aber du denkst doch nicht, dass ich unreif bin, oder?»

«Weißt du, als ich ein Kind war, wurde ich vor meiner Zeit erwachsen. Denn das war die Natur des Lebens zu meiner Zeit. Die Kinder zu meiner Zeit waren noch weise. Heutzutage sind die

Menschen zerbrechlicher, aber keine Sorge, du bist ein bewusster Mensch. Sonst hätte ich dir nicht all diese Geschichten erzählt. Man kann die Menschen nicht an ihrem Alter messen, sondern an ihrem Verstand. Du bist wie dein Vater. Du redest nicht viel und verstehst die Dinge schnell. Ich sehe deinen Vater wie meinen Sohn und er sieht mich wie seine Mutter. Und das ist gut so. Oft mögen die Leute ihre Schwiegermutter nicht oder umgekehrt. Aber bei deinem Vater und mir ist das anders. Respekt ist das, was uns zusammenbringt», äusserte sich meine Grossmutter.

Das wahre Alter eines Menschen zeigt sich nicht in Jahren, sondern in seiner Weisheit

Ich weiß nicht, vielleicht hat mein Vater wegen der Ereignisse, die ihm widerfahren sind, nicht viel geredet. Vielleicht liegt es an den beiden Vorfällen mit den Terrorangriffen. Oder weil er alle seine Brüder im Krieg verloren hat. Er hat seine vier Brüder im eritreischen Befreiungskrieg gegen Äthiopien verloren. Bevor sie starben, hatte er eine enge Beziehung zu seinen Brüdern. Das mag sich auf seine Psyche ausgewirkt haben. Deshalb war er vielleicht ein Mann der wenigen Worte.

Kapitel 4

Miaw: Omas peinlichster Schultag

Die Geschichte meines Vaters war nicht die einzige Geschichte, die mir meine Großmutter erzählt hat. Sie pflegte mir viele Geschichten zu erzählen. Manchmal über ihre Kindheit und manchmal über andere Erfahrungen. Ich war ein guter Zuhörer für ihre Geschichten. Ich liebte ihre Geschichten und lernte Weisheiten und Lektionen aus ihnen. Besonders früh am Morgen, wenn ich ihr half, ihren speziellen eritreischen Kaffee zu bereiten. Es verging kein Morgen, an dem sie ihren Kaffee nicht genoss. Manchmal trank ich auch mit ihr. Aber ich zog Tee dem Kaffee vor.

Ich schätzte es, morgens bei meiner Großmutter zu sitzen und ihr beim Reden zuzuhören. Besonders an den Wochenenden, wenn ich nicht in die Schule musste. Ich habe ihre Geschichten und Ratschläge genossen.

Wie ich bereits erwähnte, betrachtete ich sie als meinen besten Freund. Damals hatte ich nämlich noch keine richtigen Freunde.

Ich liebte nicht nur meine Großmutter, die ich Mama nannte. Ich genoss es, mit den Älteren zu sitzen und mich mit ihnen zu unterhalten. Vielleicht ist das ein weiterer Grund, warum ich in meinem Alter keine Freunde hatte. Es faszinierte mich nicht, mich mit Gleichaltrigen zu unterhalten und mit ihnen herumzuhängen. Ich fühlte mich zu

Gesprächen mit Leuten hingezogen, die Jahrzehnte älter waren als ich. Ich weiß nicht, warum. Aber ich genoss es, mit ihnen zu reden und ihnen zuzuhören.

Ich habe meine Großmutter erst mit 12 Jahren "Oma" genannt. Und fragen Sie mich bitte nicht, warum ich sie vorher "Mama" genannt habe. Vielleicht, weil sie mir sehr nahe stand. Im Alter von 12 Jahren beschloss ich, dass ich meine Großmutter "Oma" nennen sollte, wie alle anderen auch. Ich wollte ein normales Kind sein wie andere Kinder. Der Großmutter war es egal, ob ich sie Mama oder Oma nannte. Als ich sie fragte, ob ich sie Mama oder Oma nennen sollte, was ihr lieber sei, antwortete sie: «Das spielt keine Rolle. Es ist egal, wie du mich nennst. Das Wichtigste ist, dass wir uns immer nahe sein werden.»

Wenn Menschen Respekt mit ihren Sitten und Traditionen in Verbindung bringen. Sie werden eine andere Definition von Respekt haben.

Was meine Eltern betrifft, so nannte ich sie immer bei ihrem Namen. Ich habe erst angefangen, sie Mama und Papa zu rufen, als ich das Land verlassen habe. Ich weiß noch, wie ich sie zum ersten Mal am Telefon Mama und Papa nannte. Es war ein ungewöhnliches Gefühl. Eigentlich hätte ich sie am liebsten bei ihren Namen genannt. Aber das stand im Widerspruch zu den Sitten und Gebräuchen der Gesellschaft. Die Leute hielten es für unangemessen, die Eltern beim Namen zu nennen. Oder sogar ein Teil der Gesellschaft hielt es für respektlos gegenüber den Eltern. Weil Menschen Respekt mit ihren Sitten und Traditionen verbinden. Sie werden eine andere Definition von Respekt haben. Aber ich bin das genaue Gegenteil. Ich habe meine Eltern sehr respektiert. Also habe ich versucht, mich zu ändern. Ich habe versucht, mich in meine Gesellschaft zu integrieren. Selbst nachdem ich diese Gesellschaft verlassen habe.

Ich habe viele Geschichten mit meiner Großmutter erlebt. Wir erlebten viele Abenteuer zusammen. Das Berühmteste ist das, das ich in dem Buch **„Auf der Suche nach einer Zukunft"** erwähnt habe. Der Tag, an dem ich mein Land mit der Hilfe meiner Großmutter verlassen konnte. Das war das letzte Abenteuer, das ich mit meiner Großmutter erlebte. Aber auch unser Leben war nicht frei von witzigen Situationen.

Ich erinnere mich an den Tag, als ich in der fünften Klasse war und mein italienischer Kunstlehrer mich anwies, einen meiner Elternteile mit in die Schule zu bringen. Denn ich hatte mehr als einmal den Unterricht verpasst. Ich bin natürlich zu meiner Großmutter gegangen, wie immer, und habe ihr gesagt, dass ich wieder ihre Hilfe brauche. Sie fragte mich, was ich dieses Mal getan hätte. Ich erzählte ihr, dass ich den Kunstunterricht mehrmals geschwänzt habe, weil das Fach für mich zu langweilig war. Der Lehrer wies mich an, einen meiner Elternteile mitzubringen, um mit ihm darüber zu sprechen.

Meine Großmutter hat sich bereit erklärt, in die Schule zu gehen. Ich sagte ihr, sie solle am nächsten Tag ins Lehrerzimmer gehen und dort nach Herrn Miaw fragen. Sie fragte mich, ob sein Name wirklich Miaw ist. Ich sagte ihr, dass das sein Name ist und die Leute ihn so nennen. Ich habe meine Großmutter nicht angelogen. Die Schüler nannten ihn Herr Miaw. Ich dachte, das wäre sein Name. Aber so war es nicht. Er hasste es, wenn man ihn so nannte. Manchmal hat er sogar die Schüler verfolgt, die ihn bei diesem Namen nannten. Aber das habe ich erst später gewusst.

Meine Großmutter kam zum Lehrerzimmer, wo viele Lehrer anwesend waren, darunter auch unser gesuchter Lehrer. Sie wandte sich an einen der Lehrer, der in der Nähe des Eingangs zu dem Lehrerzimmer saß, und begrüsste ihn: «Guten Morgen, ich suche Herrn Miaw.»

Der Lehrer war sichtlich überrascht. Er bedeutete meiner Großmutter mit einer schnellen Geste, still zu sein. Er brachte sie aus dem Lehrerzimmer, bevor jemand hörte, was sie sagte. Der Lehrer erklärte meiner Großmutter dann, dass dies ein Scherzname sei, den ihm die Schüler gegeben haben, und dass er ihn gar nicht gerne hört. Er teilte meiner Grossmutter seinen richtigen Namen mit. Leider erinnere ich mich nicht mehr an seinen richtigen Namen, aber der Spitzname blieb bei mir hängen. Meine Großmutter entschuldigte sich bei dem Lehrer und dankte ihm dafür, dass er sie vor dem Schlimmsten bewahrt hat, das ihr bevorstanden wäre.

Meine Großmutter unterhielt sich danach in aller Ruhe mit dem italienischen Kunstlehrer und kehrte nach Hause zurück.

Nach der Schule ging ich zu meiner Großmutter, um herauszufinden, wie es mit dem Lehrer gelaufen ist. Ich kam aufgeregt zu ihr und fragte sie: «Hallo Mama, wie ist es in der Schule gelaufen? Was hat der Lehrer zu dir gesagt?»

Großmutter fragte mich ganz ruhig: «Erinnere mich noch einmal daran, wie war der Name des Lehrers?»

«Herr Miaw war sein Name», antwortete ich selbstbewusst.

Daraufhin überraschte mich meine Großmutter mit ihrer Antwort: «Ich bin heute deinetwegen in eine peinliche Situation geraten, und ich war kurz davor, noch mehr Ärger zu bekommen.»

Sie hat mich danach aus dem Haus geworfen und schien verärgert über mich zu sein. Ich war von ihrer Reaktion überrascht. Ich fragte mich, was ich Falsches getan habe, um sie so verärgert auf mich zu machen. Was hatte der Lehrer zu ihr gesagt? Aber ich wollte mich nicht auf einen Streit mit ihr einlassen und sie noch wütender machen, als sie bereits war. Ich verließ sie mit vielen Fragen im Kopf und ging nach Hause.

Am nächsten Morgen kam ich zu ihr, in der Hoffnung, dass sie nicht mehr wütend auf mich war, und in der Hoffnung, dass sie mir erklären würde, was los ist. Ich kam früh zu ihr und fragte sie, ob sie Hilfe bei ihrer Kaffeezubereitung brauche. Sie lächelte und ließ mich ihre Kaffeebohnen auf dem Feuer rösten. Als ich ihr Lächeln sah, wusste ich, dass sie nicht mehr wütend auf mich war. Ich fragte sie, warum sie mich gestern aus dem Haus geworfen hatte, während ich ihre Kaffeebohnen röstete. Sie fing an, mir alles zu erklären, was in der Schule passiert war, und wie eine Falschinformation von mir sie in Schwierigkeiten mit dem Lehrer bringen konnte. Ich versprach meiner Großmutter, dass ich glaubte, das sei der Name des Lehrers, und dass ich nicht die Absicht hatte, ihr falsche Informationen zu geben, während sie mir hilft. Dann entschuldigte ich mich bei ihr für das, was geschehen war oder zu geschehen bevorstand. Sie verstand und nahm meine Entschuldigung an. Die Beziehung war schnell wieder normal, und wir genossen unseren Morgenkaffee zusammen.

Kapitel 5

Der Hof, die Hyänen und ich

Nach ihrer Heirat arbeiteten meine Großmutter und ihr Mann weiter auf dem Bauernhof, den sie von ihren Eltern geerbt hatte. Der Bauernhof lag mitten in den Bergen, weit weg von der Stadt. Meine Großeltern bauten weiterhin

Mais und Weizen an. Daneben kümmerten sie sich um das, was von den Kamelen übriggeblieben war.

Auf dem Bauernhof gründeten sie ihre Familie und bekamen ihr erstes Kind. Die beiden lebten dort ein glückliches, einfaches Leben. Sie taten das, was sie kannten und liebten, nämlich Landwirtschaft und Tierpflege. Bis der eritreisch-äthiopische Krieg vor ihre Haustür kam. Die äthiopische Armee begann, in ihre Dörfer einzudringen und alles zu zerstören, was sich ihr in den Weg stellte. Das zwang meine Großmutter und ihre Familie, ihr Haus und ihren Hof zu verlassen und die Kamele, die sie liebte, zu verkaufen. Sie flohen in ein sichereres Gebiet.

Der Krieg zwang sie, alles zurückzulassen und in der Stadt Keren Zuflucht zu suchen. Meine Großmutter und ihre Familie ließen sich dann in Keren nieder. Dort bekamen sie weitere Kinder. Darunter auch meine Mutter. Die Tage und Jahre vergingen, ihre Kinder wurden erwachsen und der Krieg hörte auf, aber die Familie meiner Großmutter beschloss, in Keren zu bleiben, bis ihr Mann dort starb.

Meine Großmutter besuchte ihren Bauernhof von Zeit zu Zeit. Sie kümmerte sich um ihn, manchmal allein. Und manchmal in Begleitung eines ihrer Kinder. Sie ging mindestens einmal im Jahr dorthin.

Als ich 11 Jahre alt war, ging ich zum ersten Mal mit meiner Großmutter zu ihrem Bauernhof, von dem sie mir immer erzählt hatte. Sie hat mir ständig davon erzählt. Ich erinnere mich an den Tag, als wir zum ersten Mal den Bus von Keren, wo wir wohnten, in Richtung des Bauernhofs meiner Großmutter nahmen. Ich war so aufgeregt, endlich den Ort zu sehen, an dem meine Großmutter aufgewachsen war. Wir fuhren mehr als drei Stunden mit dem Bus, bis wir in einem kleinen Dorf inmitten von Bergen und Tälern ankamen. Wir ruhten uns eine Weile aus und tranken Tee, dann sagte mir meine Großmutter, dass wir vor Einbruch der Dunkelheit gehen müssten.

Wir wollten vor Einbruch der Dunkelheit den Bauernhof erreichen. Denn nach Einbruch der Dunkelheit war es gefährlich. Nachts gab es Hyänen und andere Raubtiere in der Gegend. Meine Großmutter und ich gingen die Hügel rauf und runter, bestiegen die Berge auf der einen Seite und kamen auf der anderen Seite wieder herunter. Meine Großmutter war eine kraftvolle Frau, die keine Anzeichen von Müdigkeit zeigte. Sie war von klein auf an diese Art von Tätigkeit gewöhnt. Ich bat sie von Zeit zu Zeit darum, eine Pause zu machen. Wir hatten uns kaum ein paar Minuten ausgeruht, als meine Großmutter mir ständig sagte, dass wir gehen müssen.

Nachdem wir fast vier Stunden lang die Berge rauf und runter gelaufen waren, kamen wir schließlich kurz nach Sonnenuntergang auf dem Bauernhof an. Wir ruhten uns aus, aßen das mitgebrachte Abendessen und dann sagte ich meiner Großmutter, dass ich jetzt schlafen gehen würde, weil ich wirklich erschöpft war. Ich überließ es meiner Großmutter, die Sachen zu ordnen, legte mich in das Bett, das von Hand aus Holz gemacht war, und fiel in einen tiefen Schlaf, in dem ich nichts hörte.

Als ich am Morgen aufwachte, ging ich aus der Hütte und besichtigte den Hof meiner Großmutter, von dem sie immer sprach. Der Hof hatte riesige Felder. Felder, auf denen sie Weizen und Mais anbauten. Sie benutzten Kühe und Kamele, um diese Felder zu bewirtschaften. Denn es gibt kein Fahrzeug, das in diesem Gebirge fährt.

Ich fand diese Landschaft schön. Dort gab es viele Bäume und grünes Land. Ich sah zwei andere Farmen in der Gegend. Sie waren mehr als hundert Meter voneinander entfernt. Meine Großmutter erzählte mir, dass es in dieser Gegend nur diese drei Höfe gab. Aber die beiden anderen Höfe waren nicht so verlassen wie der von meiner Großmutter. Dort lebten Familien mit Kindern. Eine dieser Familien hatte die Felder meiner Großmutter gepachtet. Sie pflanzten dort, wenn die Anbausaison gekommen war.

Nachdem ich das Gebiet besichtigt und entdeckt hatte, ging ich zurück zur Hütte meiner Großmutter, nahm eine Axt, drehte mich hinter der Hütte um und ging zu dem Baum, der dort stand. Ich fing an, den Baum zu fällen, um mir einen guten Holzstock zu machen. Vielleicht konnte ich mich damit verteidigen, wenn ich Schlangen begegnete. Schlangen und andere Reptilien gab es dort in Hülle und Fülle. Ich machte einen guten Stock aus diesem Baum. Als ich den Baum fällte, sah mich eine Frau vom Nachbarhof schon von weitem. Sie eilte zu meiner Großmutter und erzählte ihr, dass ein fremder Junge ihren Lieblingsbaum fällte. Meine Großmutter erklärte ihr, dass der Junge ihr Enkel und dass er mit ihr gekommen sei.

Sie hat mir erlaubt, aus ihrem Lieblingsbaum einen Stock zu machen. Meine Großmutter betrachtete diesen Baum als ihr sehr nah. Sie erlaubte niemandem, sich ihm zu nähern oder ihn zu berühren. Die Nachbarn wussten also, wie sehr meiner Großmutter dieser Baum am Herzen lag. Sie kamen sofort zu ihr, als sie sahen, was mit dem Baum geschah. Aber meine liebe Großmutter erlaubte mir, einen Teil ihres Lieblingsbaums zu fällen. Da wurde mir wieder einmal klar, wie sehr mich meine Großmutter geliebt hat.

Taten sagen manchmal mehr als Wörter.

Nicht jeder, der dich liebt und respektiert, muss dir sagen, wie sehr er dich liebt und respektiert. Manchmal sprechen die Taten lauter als die Worte.

Ich verbrachte diesen Tag damit, die Gegend zwischen den nahe gelegenen Hügeln und Tälern zu erkunden. Ich ging mit meiner Großmutter zu den Nachbarn und lernte sie kennen. Eine der beiden Familien hatte einen Sohn, der etwa zwei Jahre älter war als ich. Ich freute mich sehr, als ich ihn kennenlernte und bat ihn, mich mit in die Berge zu nehmen, wenn er mit seinen Ziegen dorthin geht. Sein Name war Osman und er war ein netter Junge. Er stimmte meiner Bitte zu und sagte mir, dass er es mir mitteilen würde, wenn er zum Hüten der Ziegen in die Berge geht.

Meine Großmutter und ich kehrten zu unserer Hütte zurück. Es wurde schon dunkel. Es gab keinen Strom, also waren wir auf Kerzen und eine Laterne angewiesen.

Nachdem ich mit meiner Großmutter zu Abend gegessen hatte, ging ich ins Bett und freute mich auf die Abenteuer, die ich am nächsten Tag erleben würde. Aber kurz nachdem ich eingeschlafen war, hörte ich Geräusche und Kratzer außerhalb unserer Holzhütte. Ich bekam ein wenig Angst und fragte meine Großmutter, was das für Geräusche seien. Meine Großmutter sagte mir, dass es die Geräusche von Hyänen waren. Meine Angst wurde immer größer und ich befürchtete, dass diese Raubtiere zu uns hereinkommen und uns jagen würden. Aber meine Großmutter versicherte mir, dass sie die Tür gut verschlossen hatte und die Tiere nicht eindringen könnten. Die Hyänen versuchten, einen Weg in die Hütte zu finden, um dort eine köstliche Mahlzeit zu finden. Aber meine Großmutter verschloss die Tür sorgfältig, weil sie wusste, was passieren würde, wenn sie es nicht tat.

Meine Großmutter fragte mich, ob ich diese Kratzer und Geräusche in der Nacht zuvor gehört hätte. Ich sagte ihr, dass ich in der Nacht zuvor nichts hörte, weil ich zu müde war und tief geschlafen habe. Meine Großmutter beruhigte mich wieder, dass es keinen Grund zur Sorge gebe. Sie meinte, sie sei daran gewöhnt, seit sie jung war. Und seither ist nie etwas passiert.

Hyänen kamen jede Nacht von den hohen Bergen herunter, um zu jagen. Sie jagen nachts und schlafen tagsüber. Die Beruhigung meiner Großmutter reichte mir nicht. Ich verbrachte diese Nacht in Angst und Schrecken vor den furchterregenden Geräuschen und Kratzern der Hyänen. Ich konnte in dieser Nacht nicht schlafen, weil ich so viel Angst hatte. Die ganze Nacht hindurch hörte ich die Geräusche der Hyänen um die Hütte herum. Ich hatte solche Angst, dass sie ins Haus kommen würden, dass ich die Nacht mit einem Messer in der Hand verbrachte. Ich wollte den Hyänen entgegentreten, wenn es sein musste und wenn ich mutig genug war. Aber ich habe meiner Großmutter vorgespielt, dass ich schlafe, damit sie sich keine Sorgen machen muss. Sie schlief, ohne sich für die Hyänen zu interessieren, aber ich konnte auf keinen Fall schlafen.

Als der Morgen nach einer langen Nacht nahte, hörten die schrecklichen Geräusche auf. Ich sagte meiner Großmutter, dass wir zurück in die Stadt gehen müssten. Ich konnte keine weitere Nacht an diesem Ort verbringen. Meine Großmutter versuchte, mich auf jede Weise zu beruhigen. Sie meinte, wir hätten nur zwei Tage von der geplanten Woche auf ihrem Bauernhof verbracht. Aber ich vertraute ihr an, dass wir heute zurück nach Keren fahren sollten. Ich erklärte ihr, dass ich allein gehen würde, wenn sie nicht mitkommen könne. Auch wenn ich den Weg nicht kenne.

Alle Versuche meiner Großmutter, mich zum Bleiben zu überreden, scheiterten schließlich. Sie beschloss, ihren Hof zu verlassen und mich zurück nach Hause zu begleiten. Sie war nicht glücklich darüber, so früh aus ihrem Bauernhof zurückzukehren. Aber meine Furcht war größer, und ich ließ ihr keine andere Wahl. Sie verkündete mir, dass sie mich niemals wieder auf ihren Hof mitnehmen würde. Ich nahm ihr diese Worte nicht übel, denn ich dachte, ich würde nie wieder an einen

Ort zurückkehren, von dem ich einst weggelaufen war. Aber niemand weiß, was die Zukunft mit sich bringt. Meinungen können sich mit der Zeit ändern.

Etwa ein Jahr nach meinem ersten Besuch auf dem Bauernhof meiner Großmutter beschloss ich, sie erneut zu begleiten. Meine Großmutter zögerte zunächst, mich mitzunehmen, weil sie dachte, ich würde wieder das tun, was ich vor einem Jahr getan hatte. Aber ich versprach ihr, dass ich jetzt erwachsen sei und sie dieses Mal nicht enttäuschen würde.

Schlussendlich erlaubte sie mir, sie zu begleiten und erklärte mir, dass ich allein zurückkehren müsste, wenn ich wieder Angst bekomme und mich entschließe, wie beim letzten Mal, zurückzugehen. Doch diesmal hatte ich mich darauf vorbereitet und ich hatte mir versprochen, dass ich den Hyänen diesmal nicht nachgeben würde, koste es, was es wolle.

Meine Großmutter und ich gingen wieder zusammen. Wir nahmen zuerst den Bus und marschierten dann durch die Berge, bis wir die Hütte meiner Großmutter vor Einbruch der Nacht erreichten. Die Nacht brach herein und die Hyänen begannen, Geräusche zu machen und von allen Seiten an der Hütte zu kratzen. Diesmal hatte ich tatsächlich auch Angst. Aber der Schlaf überwältigte meine Erschöpfung und ich schlief ein, bevor ich es merkte.

Die zweite Nacht kam, und ich ermunterte mich, meiner Angst nicht nachzugeben und erinnerte mich immer wieder an das Versprechen an meine Großmutter. Und so ging es weiter in der dritten und vierten Nacht, bis ich mich daran gewöhnt hatte und die Geräusche und das Kratzen zur Routine wurden, welche wir jede Nacht erwarteten. Meine Großmutter freute sich, dass ich sie diesmal nicht im Stich ließ und mein Versprechen hielt.

Tagsüber erkundete ich die Gegend, einmal allein und einmal mit den Nachbarskindern. Die Nachbarskinder zeigten mir den Brunnen, aus dem sie Wasser holten. Ich ging zum Brunnen, um Wasser für mich und meine Großmutter zu holen. Der Ort gefiel mir sehr gut. Dort gab es dichte Bäume, mit weißem Sand darunter. Manchmal kletterte ich auf die Bäume und manchmal legte ich mich in den Sand. Es gab Schlangen in verschiedenen Größen, die unter den Bäumen hervorlugten. Ich habe Schlangen mit einer Länge von 30 bis 150 Zentimetern gesehen. Wenn sie klein waren, habe ich sie manchmal mit meinem Stock erschlagen, den ich aus dem Lieblingsbaum meiner Großmutter gemacht hatte. Wenn die Schlangen groß waren, vermied ich sie oder lief vor ihnen weg. Meine Großmutter sagte mir immer, ich solle mich vor Schlangen in Acht nehmen. Denn ihre Bisse könnten manchmal tödlich sein. Ich war immer vorsichtig, vor allem, wenn ich im Sand lag. Die Schlangen, die es überall gibt, können jeden Moment kommen.

Ich hatte nicht vergessen, worum ich den Nachbarsohn Osman gefragt habe. Ich wollte, dass er mich in die Berge mitnimmt, um seine Ziegen zu hüten. So ging ich eines Tages mit ihm, um zu sehen, was die hohen Berge verbergen. Auf dem Weg dorthin fragte ich ihn: «Wie schützt du dich und deine Ziegen vor den Hyänen? Hast du keine Angst, dass die Hyänen dich in den Bergen, weit weg von deiner Familie, angreifen?»

«Siehst du diese beiden Hunde? Sie beschützen mich und meine Ziegen. Hyänen haben Angst vor Hunden. Und tagsüber schlafen die Hyänen in ihrem Versteck. Ich habe also nichts zu befürchten», antwortete er und deutete auf die beiden Hunde, die uns begleiteten.

Er war also abhängig von den Hunden, die ihn und seine Ziegen beschützen sollten.

«Haben dich nicht schon einmal Hyänen angegriffen?», fragte ich ihn erneut.

Er zeigt mir das Messer an seiner Hüfte und sagte: «Ich habe dieses Messer, wenn sie mich angreifen, werde ich sie damit erledigen, wenn sie es tun. Aber das werden sie nicht, Hyänen sind Feiglinge. Sie greifen nur an, wenn sie in einer großen Herde sind. Aber hier gibt es sie nicht in großen Herden. Man kann sie einzeln oder höchstens zu dritt sehen.»

Ich habe ihn daraufhin gefragt: «Auch deine Ziegen? Haben Hyänen sie nicht schon einmal angegriffen?»

«Wenn die Ziegen von mir und den Hunden weggehen, versuchen die Hyänen manchmal, die Gelegenheit zu nutzen und die Ziegen anzugreifen. Aber das passiert selten. Es ist mir nur einmal passiert. Nur einmal in meinem Leben habe ich eine Ziege verloren. Deshalb lasse ich jetzt nie eine Ziege aus den Augen. Und auch die Hunde sind darauf trainiert. Also lassen die Hunde sie auch nicht entkommen», erklärte mir Osman.

Es war ein wunderschöner sonniger Tag. Osman und ich verbrachten den Tag beim Hirten und wanderten über die Berge und durch die zahlreichen Bäume. Ich habe den Ausflug sehr genossen.

Osman und ich unterhielten uns und schleuderten mit unseren Händen kleine Steine von den Bergen. Plötzlich kam eine Hyäne unter den Ästen eines großen Baumes hervor. Osman und ich flohen vor Schreck, als die Hyäne herauskam. Und die Hyäne floh vor uns in die andere Richtung. Offenbar schlief die Hyäne in ihrem Versteck unter dem Baum. Als wir den Baum mit Steinen bewarfen, lief sie vor uns weg, und wir liefen vor ihr weg.

Das war das erste Mal, dass ich eine Hyäne in echt gesehen habe. Sie sah sehr unheimlich aus. Die Hyäne verschwand, und wir sahen keine Spur mehr von ihr. Für meinen Freund Osman war es nicht das erste Mal, dass er Hyänen sah. Aber es war ein plötzlicher Moment, und wir rannten miteinander weg.

Ich hatte also meinen ersten Tag als Hirt bereits hinter mir. Am Nachmittag kamen wir von den Bergen herunter und kehrten zu unseren Höfen zurück. Ich war sehr zufrieden mit dem, was ich an diesem Tag erreicht hatte. Ich war auf die hohen Berge hochgestiegen und habe sie näher erkundet. Von Osman habe ich viel über das Hirtenleben und seinen Lebensstil in den Bergen gelernt. Und viele andere Erfahrungen. Aber das Wichtigste war für mich, dass ich die furchterregenden Hyänen aus nächster Nähe sehen konnte. Ich kehrte mit einem unbeschreiblichen Gefühl zu meiner Großmutter zurück. Ich liebte den Ort, von dem ich vor einem Jahr geflohen war, jetzt noch viel mehr.

Die Tage vergingen, und ich merkte es erst, als meine Großmutter und ich eine Woche auf ihrem Bauernhof verbracht hatten. Nun war es an der Zeit, nach Hause zurückzugehen. Es war eine Woche voller Abenteuer für mich. Ich fragte meine Großmutter, ob ich sie jedes Mal begleiten dürfe, wenn sie zu ihrem Bauernhof gehe. Tatsächlich ging ich in den nächsten zwei Jahren noch zwei weitere Male mit ihr. Jedes Mal entdeckte und erlebte ich etwas Neues. Ich wollte meine Großmutter unbedingt auch in den nächsten Jahren auf den Bauernhof begleiten. Doch das Schicksal wollte es, dass ich mein Heimatland verliess. Und meine Großmutter war die letzte Person aus meiner Familie, die sich von mir verabschiedet hat.

Kapitel 6

Abgrundblick: Mein Jahr als Rowdy

Als ich die Grundschule abgeschlossen hatte, wechselte ich in ein Institut, um die sechste Klasse zu beginnen. Dort änderte sich der Unterrichtsstoffe. Nun begann ich, die Schule zu hassen und wurde immer schlechter. In der Grundschule war ich ein fleißiger Schüler und gehörte zu den besten Schülern meiner Klasse. Wir waren zwischen vierzig und fünfzig Schüler in der Klasse. Als ich in das Institut wechselte und in die sechste Klasse kam, wurde mein Niveau immer schlechter. Meine Noten begannen sich zu verschlimmern. Ich versäumte immer öfter den Unterricht. Ich wurde von einem fleißigen Schüler, der die Schule liebte, zum größten Schulhasser.

Ich hatte neue Freunde außerhalb der Schule gefunden. Es gab zwei Junge, die ich kennengelernt hatte, und zwischen uns begann sich eine

Freundschaft zu entwickeln. Manchmal ging ich nicht in die Schule, sondern traf mich mit diesen beiden Freunden. Zu dritt gingen wir dann in Clubs. Dort haben wir uns indische Filme angesehen. Oder wir spielten Spiele wie Billard und FIFA. Wenn der Schulunterricht zu Ende war, ging ich nach Hause, als ob ich von der Schule käme.

Meine Familie hatte keine Ahnung, was ich da trieb. Sie dachten, ich gehe morgens wie immer zur Schule und komme zurück, wenn ich meinen Unterricht beendet habe. Ich hatte einen völlig anderen Weg eingeschlagen, als es meine Familie und meine Großmutter für mich gewünscht hatten. Ein falscher Weg, den sich keine Familie für ihr Kind wünschen wird.

Ich hatte mit diesen beiden Freunden angefangen, Zigaretten zu rauchen. Zu dieser Zeit waren wir zwischen 11 und 13 Jahre alt. Damals haben wir eine Menge Ärger gemacht. Vom Streiten bis zum Stehlen. Ja, wir haben viele Male an verschiedenen Orten auf dem Markt Sachen gestohlen und verkauft, um Zigaretten und Alkohol zu kaufen und um in den Clubs Glücksspiele zu spielen. Wir drei haben im Stadtzentrum eine

Menge Ärger gemacht. So sehr, dass einige Leute uns die Markt-Rowdys nannten.

All dies geschah, und meine Familie hatte keine Ahnung, was ich tat. Ich tat so, als ob ich vor meiner Familie höflich und anständig wäre. So wusste meine Familie nichts von meinem akademischen und moralischen Versagen. Bis sich das Semester dem Ende zuneigte und es Zeit war, die Zeugnisse zu erhalten. Meine Mutter ging zum Institut, um mein Zeugnis abzuholen. Sie war überrascht, als der Lehrer ihr mitteilte, dass ihr Sohn ein Schulversager geworden sei. Er sagte ihr, dass ihr Sohn mehr Tage in der Schule gefehlt habe, als er anwesend war. Er erklärte ihr, dass ich die sechste Klasse nicht bestanden habe und sie wiederholen müsse. Das heiße, wenn der Direktor des Instituts dem zustimme, dass ich überhaupt dort weitermachen dürfe.

Ich weiß nicht, wie ich die Reaktion meiner Mutter an diesem Tag beschreiben soll. Eine Mischung aus Wut und Traurigkeit über ihren Sohn, der sich um 360 Grad verändert hatte. Damals verfiel ich in eine depressive Phase. Das Witzige daran ist, dass ich mir nicht die Schuld für mein

Versagen in der Schule gab, sondern dem Klassenlehrer, der meiner Mutter das Zeugnis ausgehändigt hatte.

Ich sagte meiner Mutter, dass ich nie mehr zur Schule gehen wollte. Ich fing an, alle um mich herum zu hassen und machte meiner Familie eine Menge Probleme. Das größte war, als meine beiden Freunde und ich eine Frau schwer verprügelten. Wir spielten in einem Viertel Fußball, und der Ball flog in ein Haus. Wir klopften an die Tür des Hauses, um unseren Ball zurückzubekommen. Eine Frau kam heraus mit dem Ball in der einen Hand und einem Messer in der anderen. Die Frau stach mit dem Messer vor unseren Augen auf den Ball ein und zerriss ihn. Sie schrie uns einige Beleidigungen zu. Ich weiß nicht, was mit der Frau los war. Hätte sie uns den Ball unversehrt zurückgegeben, wäre es nicht so ausgegangen, wie es ausgegangen ist.

Meine Freunde und ich waren wütend, als wir sahen, wie die Frau vor uns unseren Ball zerriss. Wir revanchierten uns ebenfalls mit Beleidigungen. Jeder von uns wurde wütender und wütender, während wir Beleidigungen austauschten. Einer meiner Freunde hob einen Stein vom Boden auf und traf damit die Hüfte der Frau. Sie wurde dadurch noch wütender und warf das Messer, das sie in der Hand hielt, nach uns. Es traf keinen von uns. Aber wir drei stürmten auf sie ein und schlugen mit Händen und Füßen auf sie ein. Sie versuchte sich zu wehren, und ihr Mund hörte nicht auf zu schreien und zu fluchen. Als wir genug hatten, flohen wir vom Tatort.

Ich bin nie stolz auf das, was ich an diesem Tag getan habe. Ich war wütend und niedergeschlagen, nachdem ich in der Schule versagt hatte. Meine beiden Freunde waren zu dieser Zeit keine guten Freunde. Sie haben mich immer ermutigt, diesen falschen Weg weiter zu gehen. Aber ich trage nur selbst die Schuld daran. Niemand hat mich gezwungen, eine falsche Entscheidung zu treffen. Ich war für alle falschen Entscheidungen selbst verantwortlich. Aber wie es so schön heißt: Wenn du einen Menschen verstehen willst, sieh dir an, mit wem er abhängt. Ich kann nicht leugnen, dass deine Freunde dich nicht beeinflussen werden. Auch wenn es nur ein kleiner Einfluss ist.

Nachdem die Frau ins Krankenhaus gegangen war und dort behandelt wurde, ging sie zur Polizei und erstattete Anzeige gegen uns. Meine Familie pendelte eine Zeit lang zwischen der Polizei und den Gerichten hin und her. Dann kam der Tag der Verhandlung und ich stand vor dem Gericht. Ich war mit meiner Mutter im Gerichtszimmer, als der Richter mir mitteilte, dass er mich zu sechs Monaten Gefängnis verurteile. Meine Mutter war erschüttert über das, was sie vom Richter hörte. Mir war es egal, was der Richter entschied. Zu diesem Zeitpunkt war mir alles egal.

Mein Vater versuchte während dieser Zeit, eine möglichst bessere Lösung mit der Frau und ihrer Familie zu finden. Eine Lösung, die mich vor dem Gefängnis bewahren würde. Nach ständigen Diskussionen und Gesprächen gelang es meinem Vater, eine fruchtbare Lösung zu finden. Er einigte sich mit der Frau und ihrer Familie darauf, die Angelegenheit mit Geld zu regeln. Mein Vater würde ihnen den gesamten verursachten Schaden an dem Frau entschädigen, damit sie die Anzeige zurückziehen.

Ich wurde aus der Polizeistation entlassen, nachdem ich zwei Tage im Knast verbracht hatte. Dank der Bemühungen meines Vaters konnte ich eine sechsmonatige Haftstrafe vermeiden. Falls Sie sich über meine beiden Freunde wundern: Auch sie konnten auf irgendeine Weise eine Gefängnisstrafe vermeiden. Im Grunde haben sie dasselbe getan, was meine Familie für mich getan hat.

Als ich von der Polizeistation nach Hause zurückkam, empfingen mich meine Mutter und meine Großmutter mit Umarmungen. Mein Vater hingegen hatte eine andere Meinung. Er empfing mich, indem er mich mit einem Schlagstock schlug. Es war das erste Mal, dass mein Vater mich schlug. Dieser Schlag genügte aber, um mein Gewissen zu wecken.

Nach diesem Schlag begann ich mich zu fragen, ob der Weg, den ich ging, der richtige war. Ich begann mich zu fragen, wie ich an diesen Punkt des Elends gekommen war. So sehr, dass mein Vater zum ersten Mal seine Hand gegen mich erhob. Wie konnte ich von jemandem, der Schule und Bildung liebte, zum größten Schulhasser werden? Von einem zielstrebigen und fleißigen Schüler zu einem Versager. Nach dieser Ohrfeige und dem Gespräch, das mein Vater danach mit mir führte, wurde mir klar, dass ich den falschen Weg eingeschlagen hatte. Einen Weg, den ich später bereuen würde.

Meine Familie untersagte mir den Kontakt zu den beiden so genannten Freunden. Meine Familie dachte, sie seien diejenigen, die mich auf den falschen Weg geführt hatten. Wie Sie feststellen können, nenne ich sie immer noch Freunde, weil sie sich ebenfalls verändert haben und verantwortungsvolle Menschen geworden sind.

Die Schulferien waren vorbei und es wurde Zeit, sich für die Schule wieder anzumelden. Ich habe gezögert, wieder in die Schule zu gehen. Es war nicht leicht für mich, die sechste Klasse zu wiederholen. Ich meinte, dass alle in meiner Klasse, die ich kannte, in die siebte Klasse wechseln würden. Und ich würde die Klasse mit neuen Schülern beginnen müssen, die ich nicht kenne. Ich würde bei null anfangen müssen. Aber meine Eltern zwangen mich, wieder zur Schule zu gehen. Ich musste die sechste Klasse wiederholen. Ich hatte also keine andere Wahl, als das zu tun, was meine Eltern mir sagten.

Auch meine Großmutter sprach in dieser für mich schwierigen Zeit mehrmals mit mir. Zusammen mit meinen Eltern hat sie immer wieder versucht, mir den richtigen Weg zu zeigen. Meine Mutter ging sogar oft zu meiner Großmutter und bat sie, mit mir zu reden, denn ich hörte auf meine Großmutter öfter besser als auf meine Mutter. Dank all der Bemühungen meiner Eltern und meiner

Großmutter habe ich es schließlich geschafft, aus meiner Unwissenheit aufzuwachen und zu versuchen, ein guter Mensch zu sein.

Kapitel 7

Vom Knast ins Klassenzimmer

Ich hatte mein neues Schuljahr begonnen. Ich lernte die neuen Schüler in meiner Klasse kennen. Es war nicht so schwierig, wie ich gedacht hatte. Die meisten Schüler in dieser Klasse waren Gleichaltrige, wie ich. Im Gegensatz zu der Klasse, in der ich vorher war. Da war ich der jüngste Schüler in der Klasse gewesen.

Ich begann in dieser neuen Klasse hart zu arbeiten und hatte nur ein Ziel vor Augen. Ich wollte nur dieses eine Mal bestehen. Ich hatte Angst davor, die sechste Klasse ein drittes Mal zu wiederholen. Ich fragte mich, was meine Eltern tun würden, wenn ich auch dieses Mal durchfallen würde. Also gab ich mir etwas Mühe, um genügende Noten zu schreiben, damit ich die Klasse bestehe.

Das erste Semester ging zu Ende, und ich hatte keinen einzigen Tag gefehlt. Wir schlossen unsere Erstsemesterprüfungen ab. Es war an der Zeit, die ersten Resultate zu erfahren. Das Institut teilte die Ergebnisse nur einem der Elternteile mit. Sie gaben sie nicht an den Schüler heraus, egal was passierte. Also musste ich meine Mutter schicken, um die Zwischenzeugnisse abzuholen.

Die Schulen in Eritrea haben die Schüler immer nach ihren Leistungen eingestuft. Die drei besten Schüler in der Klasse wurden immer entsprechend ihrer Platzierung mit Preisen ausgezeichnet. Zum Beispiel: Schüler **X** hat 98,2 % Erfolg, Schüler **Y** 99,1 % und Schüler **Z** 97,5 %. Schüler Y wurde als Erster eingestuft, Schüler X als Zweiter und Schüler Z als Dritter. Und so weiter bis zum letzten Schüler in der Klasse. Preise wurden jedoch nur an die drei Besten vergeben, da sie als die Besten der Klasse angesehen wurden. Bei den anderen Schülern galt ein Schüler umso mehr als Bester, je näher sein Rang am ersten Schüler lag. So wurde z. B. der Schüler mit Rang 39 als besser angesehen als der Schüler mit Rang 40. Ich weiß nicht, ob diese Rangordnung sinnvoll war, aber die Schulen betrachteten sie als einen Anreiz für die Schüler, sich anzustrengen.

Als meine Mutter sich darauf vorbereitete, zum Institut zu gehen, um meine Semesternoten abzuholen, sagte ich ihr: «Bitte, reg dich nicht auf, wenn sie dir sagen, dass mein Rang zwischen vierzig und fünfzig liegt. Das Wichtigste ist, dass ich nicht durchgefallen bin»

Wir waren mehr als 50 Schüler in der Klasse. Meine Mutter lächelte und antwortete: «Das werden wir sehen.»

Meine Mutter ging, um die Zeugnisnoten abzuholen. Ich wartete an diesem Tag sehr nervös. Ich betete, dass meine Mutter mir gute Nachrichten bringen möge.

Meine Mutter kam mit einem breiten Lächeln im Gesicht aus dem Institut zurück. Sie sagte: «Herzlichen Glückwunsch, du bist nicht durchgefallen. Aber es gibt noch eine bessere Nachricht», fügte sie hinzu.

«Was? Gibt es eine bessere Nachricht als die, dass ich nicht durchgefallen bin?», fragte ich meine Mutter mit Freude.

«Ja, du bist Siebter geworden», antwortete meine Mutter darauf.

Ich konnte es gar nicht glauben und umarmte meine Mutter, bis sich meine Augen mit Freudentränen füllten. Mit diesem Range hatte ich nie gerechnet. Mein Hauptziel war es, einfach nur zu bestehen. Ich hätte nie erwartet, dass ich unter den Top 10 sein würde. So einfach es auch war, es war einer der schönsten Momente in meinem Leben. So sehr, dass wir diesen Tag auf eine Weise feierten, wie wir sonst nicht einmal unsere Geburtstage feierten.

Manchmal gibt es Situationen und Momente, die für die einen ganz banal und einfach erscheinen, aber für andere haben sie eine enorme Bedeutung. Für mich war dies einer dieser Momente. Ich erinnere mich noch heute daran und kann es nie vergessen.

Zu Beginn des zweiten Semesters dachte ich mir, dass ich mich nicht sonderlich angestrengt hatte und trotzdem zu den zehn besten Schülern der Klasse gehörte. Ich fragte mich, was passieren würde, wenn ich mich mehr anstrengen würde. Und so begann ich, mich mehr anzustrengen und meine Schulaufgaben zu erledigen. Wie ich erwartet hatte, war meine harte Arbeit nicht umsonst. Das Schuljahr endete mit dem Endergebnis meines Abschlusszeugnisses und ich belegte den vierten Platz. Meine Freude und die Freude meiner Familie über die Fortschritte, die ich in meinem Bildungsweg gemacht hatte, war zu diesem Zeitpunkt unbeschreiblich. Die Schüler in meiner Klasse fragten sich alle, wie jemand, der ein Jahr zuvor gescheitert war, so schnell den vierten Platz erreichen konnte. Sogar die Lehrer fragten sich, was das Geheimnis hinter dieser Wende war.

In der Tat gab es keine versteckten Geheimnisse. Es war einfach eine Frage von ein wenig Anstrengung und Willen. Der Wille zu lernen wurde geboren, nachdem ich in der sechsten Klasse durchgefallen war. Für mich war also der Willen der Schlüssel zu meinem Fleiß und Erfolg.

Ich ging in die siebte Klasse und meine Liebe zur Schule wuchs. Der Wettbewerb in der Klasse war hart. Also musste ich mich mehr anstrengen. Ich versuchte immer, den Stoff zu lernen und ihn gut zu verstehen. Nicht nur, um bessere Noten zu schreiben, sondern auch, um den Leuten zu beweisen, die mich als Versager betrachteten, dass ich kein Versager bin. Und dass ein Mensch sich immer zum Besseren verändern kann.

Falls Sie sich über meine Platzierung in der siebten Klasse wundern: Im ersten Semester war ich Dritter. Dann bin ich am Ende des Semesters auf den zweiten Platz vorgerückt. Ich dachte früher, es sei fast unmöglich, bei all dem Wettbewerb unter die Top 3 zu kommen. Ich hatte gedacht, man müsse schon ein Genie sein, um dazuzugehören. Aber jetzt war ich hier und stand mitten unter ihnen, weil ich so viel Interesse und Ehrgeiz an der Bildung entwickelt hatte. Was ich gestern noch für unmöglich hielt, wurde nun Realität.

Damals, als ich in der siebten Klasse war, kamen Schüler aus der sechsten und siebten Klasse ständig zu mir und baten mich, ihnen in Mathe oder Naturwissenschaften zu helfen. Als ich sie fragte, wer sie zu mir geschickt habe, antworteten sie immer: «Unser Mathelehrer (oder andere) sagte, wir sollten ein Geschenk mitnehmen und zu dir kommen, damit du uns hilfst, den Unterricht besser zu verstehen»

Und tatsächlich brachten sie mir etwas als Geschenk mit, ohne dass ich sie um etwas aufgefordert hatte, um ihnen zu helfen.

Es gab Treffen von Schülern und ihren Eltern in der Schule, wo der Schuldirektor versuchte, die Schüler zu ermutigen oder zu motivieren. Er nannte ihnen ständig mich als Beispiel. Er hat häufig gesagt: «Schaut euch Abdul an, wie er sich von einem schlechten Schüler zu einem der besten Schüler des Instituts entwickelt hat. Geht zu ihm und fragt ihn, was das Geheimnis hinter seiner Veränderung ist.»

Ich schämte mich eigentlich etwas, als ich den Direktor so über mich reden hörte. Ich war kein Mensch, der gerne Aufmerksamkeit auf sich zieht. Was die Eltern der Schüler angeht, so kamen sie nach der Sitzung zu mir. Sie fragten mich wirklich, was das Geheimnis hinter meiner Veränderung sei. Ich habe ihnen immer gesagt, dass das Geheimnis in zwei Worten liege: der Wille zu lernen und dann der Fleiß. Und jemand, der sie motiviert, gute Menschen zu sein. So wie mein Vater, der mich nach meiner Entlassung aus dem Gefängnis mit dem Stock und seiner Rede vor dem Untergang bewahrt hat. Jeder Vater und jede Mutter haben ihre eigene Art der Motivation. Und jeder Sohn oder jede Tochter hat ihre eigene Art zu verstehen.

Jeder Elternteil trägt seinen eigenen Motivationsschlüssel, jedes Kind sein eigenes Verständnisschloss.

Wie ich schon erwähnte, sahen mich viele Lehrer als Vorbild für ihre Schüler an. Auch wenn ich damals nicht der beste Schüler in der Schule war. Es gab einen Schüler, der den ersten Platz belegte. Ich war auf dem zweiten Platz. Aber alle konzentrierten sich auf mich. Die Lehrer schickten ihre Schüler zu mir, damit ich ihnen helfe. Und nicht zu dem ersten Schüler. Das lag wahrscheinlich daran, dass die Art und Weise, wie ich zu dieser Stellung gekommen war, anders war. Denn in meiner Geschichte gab es einen echten Wendepunkt. Oder vielleicht dachten sie, dass ich der erste Schüler werden könnte, wenn ich in die achte Klasse komme.

Aber das Schicksal hatte andere Pläne für mich. Ich verließ meine Schule, meine Familie und mein Heimatland als junger Mensch auf der Suche nach einer besseren Zukunft. Ich wollte diese Seite meines Lebens schliessen und eine neue Seite in meinem Leben in einer anderen Ecke aufschlagen.

Schlusswort

Als ich die letzte Seite dieses Buches schrieb, spürte ich meine Großmutter neben mir, ihre rauen Hände, die mich einst festhielten, ihr Lachen, das durch die Berge Eritreas hallte, und ihre Worte, die mich lehrten: *«Ein Baum wächst nicht an einem Tag, aber er stirbt auch nicht an einem schlechten.»*

Diese Geschichten sind kein Ende, sondern ein Samenkorn. Sie erzählen von einer Welt, die zwischen Kamelhöckern und Schulbüchern schwankt, zwischen Tradition und Aufbruch. Sie erinnern daran, dass wir alle Karawanen sind: manchmal verloren in der Wüste, manchmal geborgen am Lagerfeuer, aber immer unter demselben Sternenhimmel der Menschlichkeit.

Meine Großmutter, die nie eine Zeile schreiben konnte, gab mir die wichtigste Lektion: *«Was zählt, ist nicht, wie weit du kommst, sondern wessen Hände du unterwegs hältst.»*

Schlusswort mit Appell an junge Leser

Liebe junge Leserinnen und Leser,

wenn ihr diese Zeilen lest, dann tragt ihr bereits etwas von meiner Großmutter in euch – ihre Kraft, ihre Geschichten, ihren unbeugsamen Willen. Vielleicht fühlt ihr euch manchmal wie ich damals: verloren zwischen den Erwartungen anderer, unsicher, welcher Weg der richtige ist. Lasst mich euch etwas sagen, was mir niemand gesagt hat: *Ihr müsst nicht perfekt sein, um wertvoll zu sein. Jeder Sturz, jeder Umweg ist ein Teil eurer Geschichte, nicht ihr Ende.*

Meine Großmutter, die nie eine Schule besuchte, lehrte mich: *«Die Wüste gibt dir nichts außer du lernst, in jedem Sandkorn Wasser zu sehen.»* In einer Welt, die oft nach schnellen Erfolgen schreit, erinnert mich das daran: Wahrer Reichtum liegt darin, beharrlich zu sein – wie die Kamele, die Schritt um Schritt durch die Dünen ziehen, oder wie ich, der ich die sechste Klasse zweimal besuchen musste, um zu begreifen, dass Scheitern kein Schicksal ist.

An euch, die ihr zwischen Tradition und TikTok, zwischen Herkunft und Zukunft steht: Hört nicht auf die, die sagen, was unmöglich ist. Fragt euch stattdessen: *Was würde die Kameltreiberin tun?* Sie würde den Sternen folgen, den Durst aushalten und weitergehen.

Mögt ihr immer Wasser in euren Sandkörnern finden.

Abdulatif Adem